Meine Erstkommunion

Für

~~~~~~~~~~~~~~~~~~~~~~~~~~~~~~~~~~

Zur Erinnerung
an deine Erstkommunion am

~~~~~~~~~~~~~~~~~~

Von

~~~~~~~~~~~~~~~~~~~~~~~~~~~~~~~~~~

Meine
Erstkommunion

Mit Illustrationen von Angela Glökler

HERDER 45

FREIBURG · BASEL · WIEN

DAS BIN ICH

Ich heiße .... und wohne in ....

Am .... habe ich Geburtstag. Heute bin ich .... Jahre alt.

Ich bin .... cm groß und habe .... Augen und .... Haare.

Das kann ich richtig gut:

....

....

Das finden meine Freunde und meine Familie toll an mir:

....

....

Das kann ich überhaupt nicht leiden:

....

....

Hier ist Platz für ein Foto von dir.

Ich danke dir,
dass ich so staunenswert
und wunderbar gestaltet bin.
Ich weiß es genau:
Wunderbar sind deine Werke.

Psalm 139,14

LIEBLINGSDINGE

Meine Lieblingsfarbe: ....

Mein Lieblingstier: ....

Meine Leibspeise: ....

Mein Lieblingsbuch: ....

Mein Lieblingsfilm: ....

Meine Lieblingsserie: ....

Mein Lieblingslied: ....

Meine Lieblingsband: ....

Mein Lieblingsstar: ....

Meine liebste Freizeitbeschäftigung: ....

MEINE MAG-ICH-LISTE:

zum Ankreuzen und Ergänzen

🌀 _____

🌀 Fahrrad fahren

🌀 Räder schlagen

🌀 _____

🌀 Löcher graben

🌀 Pferde

🌀 Sommersonne

🌀 Fußball spielen

🌀 Dinos

🌀 Gekitzelt werden

🌀 Barfuß laufen

🌀 _____

🌀 Oma und Opa besuchen

🌀 Matschfüße

🌀 _____

🌀 Sonnenblumen

🌀 Witze erzählen

🌀 Meine Freunde

🌀 Schneemann bauen

🌀 _____

🌀 _____

🌀 Hunde

🌀 Lesen

🌀 Toben

🌀 Katzen

🌀 Schlangen

🌀 Wettrennen

🌀 PlayStation spielen

🌀 Gummibären naschen

🌀 Schokolade

🌀 Fotografieren

🌀 _____

🌀 Muscheln suchen

🌀 _____

🌀 _____

Das sind meine Wünsche und Ziele für mein Leben:

Hier ist Platz zum Schreiben, Kritzeln, Einkleben …

Gott, der fantasievolle Erfinder des Lebens,
der dich und die Welt geschaffen hat,
genau wie alle Wege bis in den hintersten Winkel des Universums –
er begleite dich auf Schritt und Tritt.

Gott, die geduldige Mutter aller Geschöpfe,
für die du immer ihr geliebtes Kind bleibst,
ganz gleich, wohin du dich wendest und wie alt du wirst –
sie lege achtsam und wärmend ihre schützenden Arme um dich.

Gott, das Wasser der Klarheit und Lebendigkeit,
das im ewigen Kreislauf die Schöpfung durchfließt,
dich nährt und deinen Durst stillen will –
es trage dein Lebensschiff sicher über alle sieben Weltmeere.

So reise fröhlich durch dieses Leben,
wunderbar geschaffen,
geachtet und geliebt
und getragen von Gottes unergründlicher Weisheit und Güte!

Frank Hartmann

MEINE FAMILIE

Wie heißen deine Eltern und Großeltern?
Im Stammbaum ist Platz für ihre Namen.

Meine Geschwister heißen:

....

....

....

Außerdem gehören zu meiner Familie noch:

....

....

....

Du bist ein Original – unverwechselbar und einmalig!

Niemand sieht so aus wie du!
Dein Gesicht ist unverkennbar.
Gehe in der Gewissheit, dass du einmalig und unendlich wertvoll bist.

Du bist ein Original – unverwechselbar und einmalig!
Niemand denkt so wie du!
Manche denken ähnlich, aber doch ganz anders.
Gehe in der Gewissheit, dass deine Gedanken nur dir gehören.

Du bist ein Original – unverwechselbar und einmalig!
Niemand spricht so wie du!
Deine Stimme ist einmalig in der Welt.
Gehe in der Gewissheit, dass nur deine Stimme zählt.

Du bist ein Original – unverwechselbar und einmalig!
Niemand handelt so wie du!
Dein Fingerabdruck und deine Handschrift sind einmalig.
Gehe in der Gewissheit:
Du bist ein unverwechselbares Original – Geschenk Gottes!

Petra Focke/Hermann Josef Lücker

SCHULE UND FREUNDE

Ich gehe in die Klasse ..... der .... Schule in ....

Mein Lieblingslehrer heißt ....

Mein Lieblingsfach ist ....

Dieses Fach mag ich gar nicht: 🙁

....

Das sind meine Freunde:

....

....

....

....

Wie sieht dein Fingerabdruck aus?
Hier ist Platz für den Abdruck eines Fingers:

MEINE TAUFE

Meine Taufe war am .... in .... in der Kirche ....

Ich wurde auf den Namen .... getauft.

Meine Taufpaten sind ....

Mein Name bedeutet ....

Mein Namenspatron ist ....

Am .... habe ich Namenstag.

Jesus aber rief die Kinder zu sich und sagte:
Lasst die Kinder zu mir kommen und hindert sie nicht daran!
Denn solchen wie ihnen gehört das Reich Gottes.

Lukas 18,16

Das Glaubensbekenntnis

Ich glaube an Gott, den Vater, den Allmächtigen,
den Schöpfer des Himmels und der Erde,
und an Jesus Christus, seinen eingeborenen Sohn, unsern Herrn,
empfangen durch den Heiligen Geist, geboren von der Jungfrau Maria,
gelitten unter Pontius Pilatus, gekreuzigt, gestorben und begraben,
hinabgestiegen in das Reich des Todes,
am dritten Tage auferstanden von den Toten,
aufgefahren in den Himmel;
er sitzt zur Rechten Gottes, des allmächtigen Vaters;
von dort wird er kommen, zu richten die Lebenden und die Toten.
Ich glaube an den Heiligen Geist,
die heilige katholische Kirche,
Gemeinschaft der Heiligen,
Vergebung der Sünden,
Auferstehung der Toten und das ewige Leben.
Amen.

*Liebe umgebe dich wie Luft,
die du atmest.
Fröhlichkeit bewege dich wie Wind
ein Segelschiff.
Und Vertrauen leite dich sicher
durch jeden Sturm.*
Frank Hartmann

MEINE ERSTKOMMUNIONGRUPPE

In der Erstkommuniongruppe
haben wir uns auf das große Fest vorbereitet.

Immer am .... haben wir uns getroffen.

Meine Erstkommuniongruppe wurde geleitet von:

....

....

Folgende Kinder gehörten zu meiner Gruppe:

....

....

Hier ist Platz für ein Foto deiner Erstkommuniongruppe
oder ein anderes Andenken an eure gemeinsame Zeit.

Denn wo zwei oder drei in meinem Namen
versammelt sind, da bin ich mitten unter ihnen.

Matthäus 18,20

MEINE ERSTKOMMUNIONVORBEREITUNG

In der Vorbereitungszeit auf die Erstkommunion haben wir viel Neues erfahren. Wir haben Geschichten aus der Bibel gehört, gemeinsam gebetet und gesungen und über unseren Glauben gesprochen.

Diese Geschichte aus der Bibel gefällt mir am besten:

....

....

Am liebsten habe ich folgendes Lied gesungen:

....

....

Dieses Erlebnis während Vorbereitungszeit war besonders schön:

....

....

....

....

....

Hier ist Platz für ein Lied, ein Gebet oder eine Geschichte, das oder die dich an deine Erstkommunionvorbereitung erinnert.

MEINE ERSTKOMMUNIONKERZE

In meiner Vorbereitungsgruppe habe ich viele christliche Symbole und ihre Bedeutung kennengelernt.

Wie sieht deine Erstkommunionkerze aus?
Hier ist Platz für ein Bild – egal ob fotografiert oder gezeichnet.

Auf meiner Erstkommunionkerze sind folgende Symbole zu sehen:

....

....

....

Das Symbol gefällt mir am besten:

....

....

....

Ich bin das Licht der Welt.
Wer mir nachfolgt, wird nicht in der Finsternis umhergehen,
sondern wird das Licht des Lebens haben.

Johannes 8,12

DER GOTTESDIENST

Der Tag meiner Erstkommunion war ein ganz besonderer Festtag.
Familie, Verwandte, Freunde und die ganze Gemeinde haben mit mir und den
anderen Erstkommunionkindern den Gottesdienst gefeiert.

Der Gottesdienst fand am .... um .... Uhr in der Kirche ....

in .... statt.

Gehalten hat den Festgottesdienst Pfarrer ....

Besonders toll fand ich:

....
....
....
....

Dies ist der Tag, den der Herr gemacht hat;
wir wollen jubeln und uns über ihn freuen.

Psalm 118,24

Hier ist Platz für das Liedblatt oder
ein anderes Andenken an den Gottesdienst.

Das Vaterunser

Vater unser im Himmel,
geheiligt werde dein Name.
Dein Reich komme.
Dein Wille geschehe,
wie im Himmel, so auf Erden.
Unser tägliches Brot gib uns heute.
Und vergib uns unsere Schuld,
wie auch wir vergeben unsern Schuldigern.
Und führe uns nicht in Versuchung,
sondern erlöse uns von dem Bösen.
Denn dein ist das Reich
und die Kraft
und die Herrlichkeit
in Ewigkeit.
Amen.

Brot und Wein

Während des Mahls nahm Jesus das Brot und sprach den Lobpreis;
dann brach er das Brot, reichte es den Jüngern und sagte:
Nehmt und esst; das ist mein Leib. Dann nahm er den Kelch, sprach das Dankgebet,
gab ihn den Jüngern und sagte: Trinkt alle daraus; das ist mein Blut des Bundes,
das für viele vergossen wird zur Vergebung der Sünden.

Matthäus 26,26–28

Brot und Wein schenkt Jesus mir.
Liebe und Segen sind sein Geschenk an mich.
Ich darf sie annehmen.
Mit offenen Händen und einem offenen Herzen.

Kerstin und Marcus C. Leitschuh

MEIN FESTTAG

Nach dem festlichen Gottesdienst haben viele liebe Menschen den großen Tag mit mir gefeiert.

Hier kannst du die Menükarte oder dein Tischkärtchen einkleben.

Das waren meine Gäste:

....

....

....

....

....

Hier haben wir gefeiert:

....

....

....

....

....

Zu essen gab es

....

....

....

....

Das wünschen dir deine Familie, deine Paten und Gäste
zu deiner Erstkommunion:

Der Herr segne dich und behüte dich.
Der Herr lasse sein Angesicht
über dich leuchten und sei dir gnädig.
Der Herr wende sein Angesicht dir zu
und schenke dir Frieden.

Numeri 6,24–26

Hier ist Platz für Fotos und Erinnerungen an deinen großen Tag.

Hier ist noch mehr Platz für Fotos und Erinnerungen an deinen großen Tag.

Hier ist noch mehr Platz für Fotos und
Erinnerungen an deinen großen Tag.

MEINE GESCHENKE

Zu meiner Erstkommunion habe ich schöne Geschenke bekommen.

Das sind alle meine Geschenke:

....

....

....

....

Am meisten gefreut habe ich mich über:

....

....

....

....

Dafür möchte ich Gott Danke sagen:

*Heute könnte ich platzen
vor Freude,
lieber Gott.
Heute stimmt einfach alles.
Danke, lieber Gott,
für all das Gute,
das du mir schenkst.
Amen.*

Julia Knop

So habe ich mich
für die Geschenke und Glückwünsche
zu meiner Erstkommunion bedankt:

Hier ist Platz für deine Danksagungskarte, Anzeige oder …

QUELLENVERZEICHNIS

Sämtliche Bibelzitate sind entnommen aus der Einheitsübersetzung der
   Heiligen Schrift, vollständig durchgesehene und überarbeitete Ausgabe
   © 2016 Katholische Bibelanstalt, Stuttgart. Alle Rechte vorbehalten.

Ilona Einwohlt, Meine Mag-ich-Liste zum Ankreuzen und Ergänzen, aus:
   Das glaub ich! So bin ich! Das Mitmachbuch über mich, mein Leben und
   Gott © Verlag Herder GmbH, Freiburg im Breisgau 2016.

Petra Focke/Hermann Josef Lücker, Du bist das Original, aus: Feuer und
   Flamme. Gebete junger Menschen © Verlag Herder GmbH, Freiburg
   im Breisgau 2011.

Frank Hartmann, Gott, der fantasievolle Erfinder des Lebens, aus:
   Zur Konfirmation © Verlag Herder GmbH, Freiburg im Breisgau 2014.

Frank Hartmann, Liebe umgebe dich wie Luft, die du atmest, aus: Viel Glück
   und viel Segen zur Erstkommunion © Verlag Herder GmbH, Freiburg im
   Breisgau 2016.

Julia Knop, Heute könnte ich platzen, aus: Fröhlich oder traurig – Du bist bei
   mir, lieber Gott. Kindergebete für jeden Anlass © Verlag Herder GmbH,
   Freiburg im Breisgau 2012.

Kerstin und Marcus C. Leitschuh, Brot und Wein, aus: Meine Erstkommunion.
   Gebete von Kindern für Kinder © Verlag Herder GmbH, Freiburg im
   Breisgau 2016.

© Verlag Herder GmbH, Freiburg im Breisgau 2023
Alle Rechte vorbehalten
www.herder.de

Gesamtgestaltung: Sandra Hacke, Dachau
Druck: Graspo, Zlin
Printed in the Czech Republic

Gedruckt auf umweltfreundlichem, chlorfrei gebleichtem Papier

ISBN 978-3-451-71660-7